Lernzielkontrolle 1

Phonologische Bewusstheit:
Reimpaare finden; Silbenanzahl bestimmen; Anlaute heraushören; Position eines Lauts im Wort bestimmen

Zeit: ca. 20 Minuten

1 Was reimt sich? Kreise ein.

/3

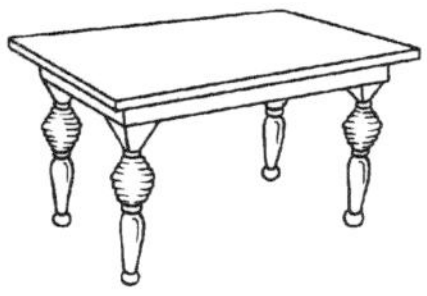
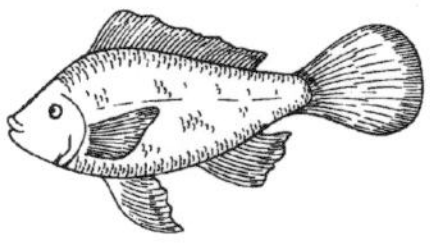

2 Wie viele Silben hörst du? Verbinde.

/4

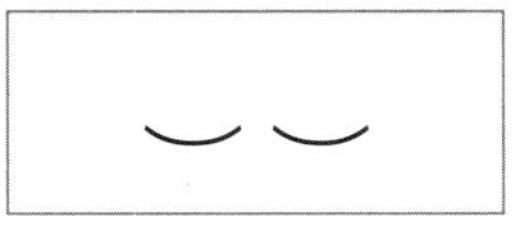

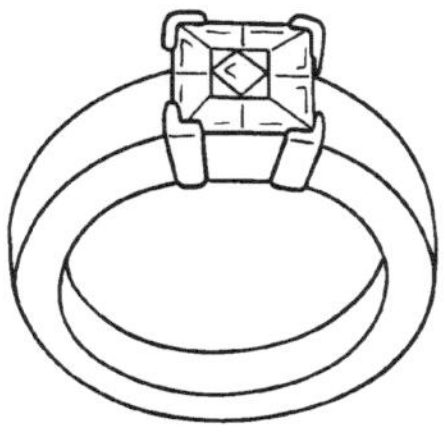

3 Was klingt am Anfang gleich? Verbinde.

/5

4 Wo hörst du den Laut? Kreuze an.

a Wo hörst du ein M?

/4

b Wo hörst du ein L?

/4

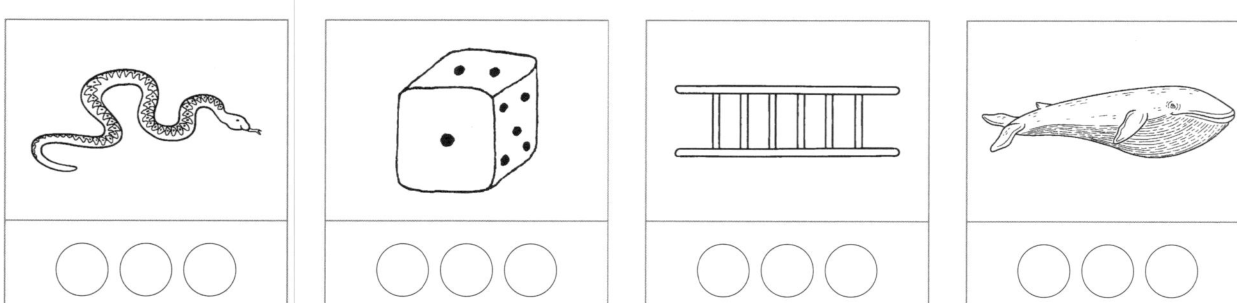

Notenschlüssel:

😀	🙂	😐	☹
20–18	17–12	11–6	5–0

Ich habe ________ Minuten gebraucht.

Ich habe ________ Punkte erreicht.

Lernzielkontrolle 2

Phonologische Bewusstheit: Reime erkennen; Silbenanzahl bestimmen; Position eines Lauts im Wort bestimmen
Rechtschreibung: Anfangsbuchstaben einsetzen

Zeit: ca. 20 Minuten

1 Was reimt sich? Kreise mit der gleichen Farbe ein. /5

2 Wie viele Silben hörst du? Zeichne die Silbenbögen. /4

3 Wo hörst du ein A? Kreuze an. /4

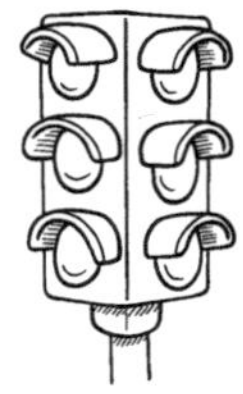

4 Was hörst du am Anfang? Schreibe. /6

☐ AUS

☐ ASE

☐ OSE

☐ ST

☐ NTE

☐ GEL

Notenschlüssel:

19–17	16–11	10–6	5–0

Ich habe ________ Minuten gebraucht.

Ich habe ________ Punkte erreicht.

Lernzielkontrolle 3

Phonologische Bewusstheit: Wortanfang heraushören
Leseverstehen: Bild und Wort verbinden
Rechtschreibung: Buchstaben einsetzen; einfache lauttreue Wörter schreiben

Zeit: ca. 20 Minuten

1 Was hörst du am Anfang? Kreuze an. /2

☐ SE
☐ SO
☐ SA

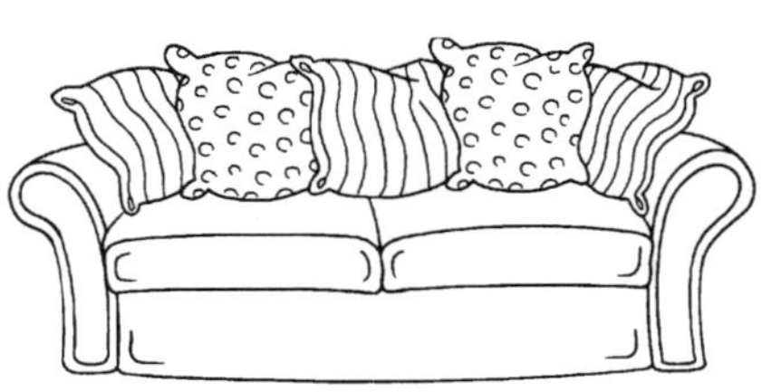

☐ HA
☐ HO
☐ HI

2 Verbinde Bild und Wort. /4

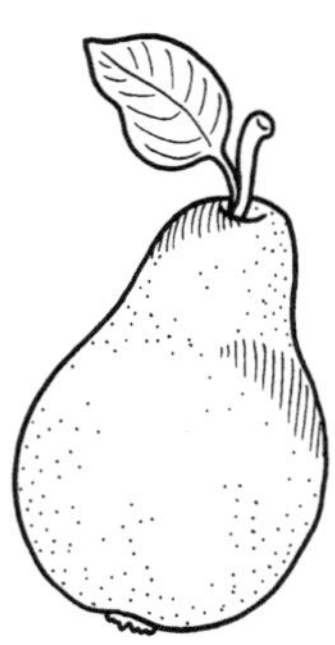

Blume | Karte | Wolke | Birne

3 Welcher Buchstabe fehlt? Schreibe. /6

LU ☐ E

ENGE ☐

TI ☐ ER

RE ☐ EN

PI ☐ SEL

LA ☐ PE

4 Schreibe die Wörter auf. /7

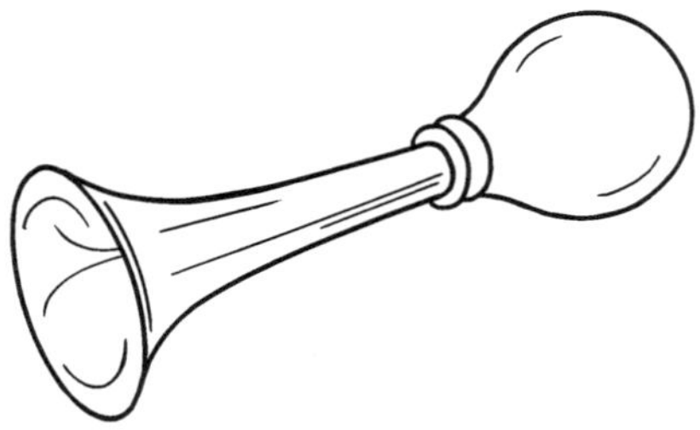

Notenschlüssel:

19–17	16–11	10–6	5–0

Ich habe __________ Minuten gebraucht.

Ich habe __________ Punkte erreicht.

Lernzielkontrolle 4

Phonologische Bewusstheit: Wortanfang heraushören
Leseverstehen: Bild und Wort verbinden; Wortgrenzen erkennen

Zeit: ca. 30 Minuten

1 Was hörst du am Anfang? Kreuze an.

/2

- ☐ KRU
- ☐ KRO
- ☐ KRE

- ☐ FLE
- ☐ FRA
- ☐ FLA

2 Verbinde Bild und Wort.

/8

Monster | Honig | Saft | Dino

Trauben | Mütze | Hamster | Murmel

3 Was hat die Schlange gefressen?

a Zeichne Striche zwischen die Wörter: | /7

b Was hat die Schlange **nicht** gefressen? Streiche durch. /2

c Die Schlange hat etwas gefressen, was kein Tier ist. Zeichne. /1

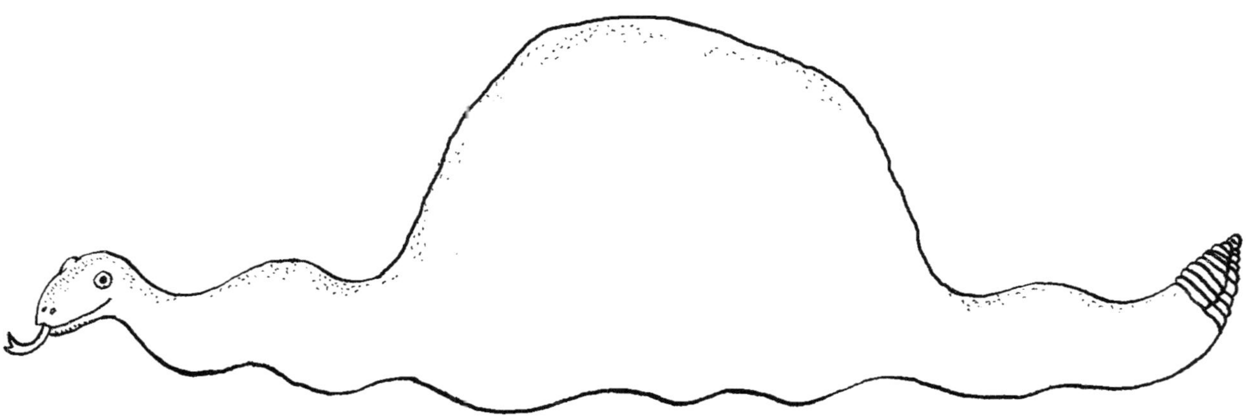

Notenschlüssel:

20–18	17–12	11–6	5–0

Ich habe ________ Minuten gebraucht.

Ich habe ________ Punkte erreicht.

Lernzielkontrolle 5

Phonologische Bewusstheit: ähnliche Laute unterscheiden: p/b, t/d, k/g
Rechtschreibung: Wörter aus Silben bilden
Leseverstehen: Sätze lesen

Zeit: ca. 20 Minuten

1 Was hörst du am Anfang? Kreise ein.

/12

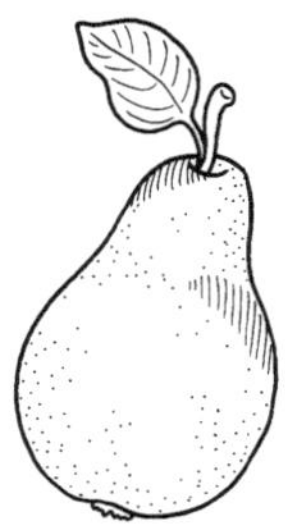

P B

P B

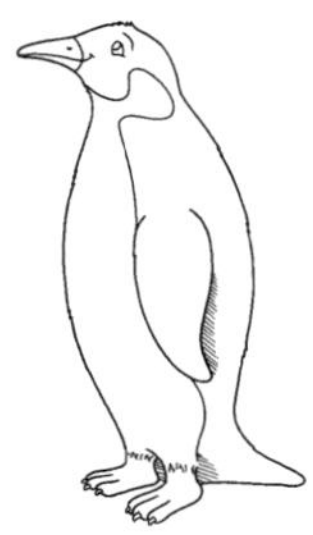

P B

P B

T D

T D

T D

T D

K G

K G

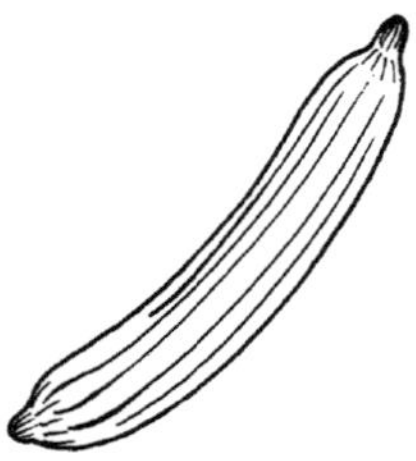

K G

K G

2 Finde neue Wörter. Schreibe. /4

lau-
fra-
wer-
→ -fen

war-
hal-
sin-
→ -ten

3 Was siehst du auf dem Bild? Kreuze an. /1

☐ Der Junge redet.

☐ Der Junge rechnet.

☐ Der Junge radelt.

Notenschlüssel:

17–15	14–10	9–5	4–0

Ich habe ________ Minuten gebraucht.

Ich habe ________ Punkte erreicht.

Lernzielkontrolle 6

Rechtschreibung: Wörter aus Silben bilden
Leseverstehen: lesen und nach Beschreibung anmalen

Zeit: ca. 30 Minuten

1 Bilde Wörter aus Silben.

a Verbinde die Silben mit den Bildern. /3

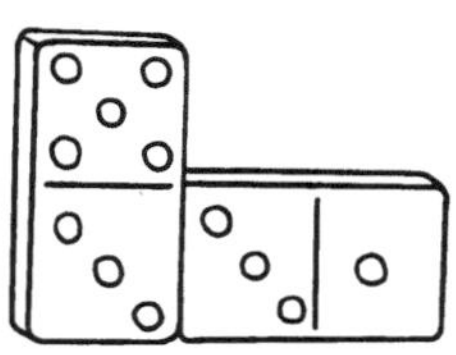

NI

MI

NO

DO

KO

DER

KA

LEN

LAUS

b Schreibe die Wörter auf. /3

2 Verbinde und male richtig an.

/16

Der Dino ist grün.

Der Hut ist gelb.

Das Auto ist grau.

Die Blume ist rot.

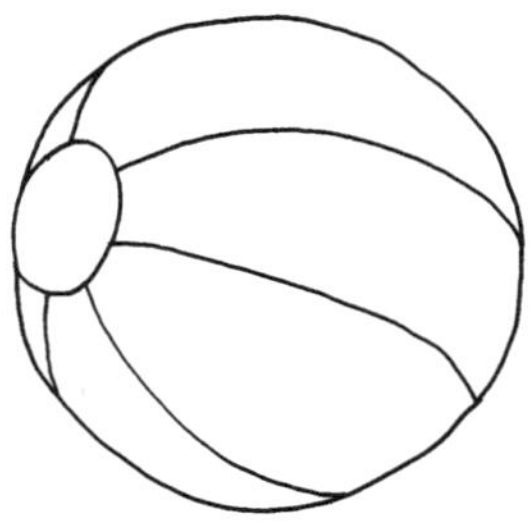

Der Ball ist rosa.

Der Rock ist lila.

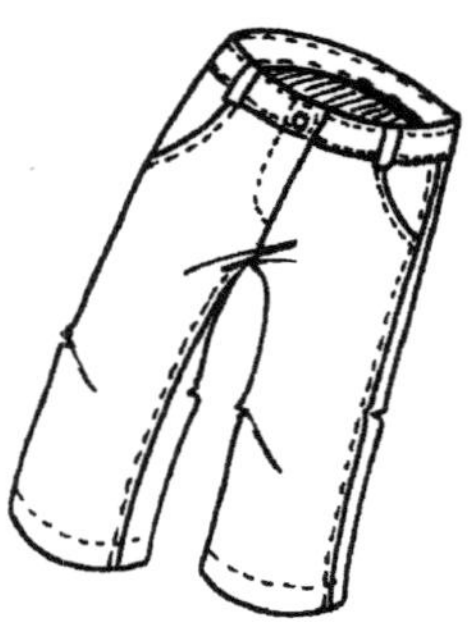

Der Schal ist blau.

Die Hose ist braun.

Notenschlüssel:

22–19	18–13	12–7	6–0

Ich habe ________ Minuten gebraucht.

Ich habe ________ Punkte erreicht.

Lernzielkontrolle 7

Sprache untersuchen:
Namenwörter erkennen und mit Begleiter aufschreiben; Ein- und Mehrzahl; Namenwörter ordnen; zusammengesetzte Namenwörter finden

Zeit: ca. 30 Minuten

1 Kreise alle Namenwörter ein. Schreibe sie mit Begleiter auf. /6

SCHULE RUFEN KUCHEN

LUSTIG TELEFON LACHEN KLEIN

2 Bilde die Mehrzahl. /4

eine Tasse – viele

ein Kind – viele

ein Auto – viele

ein Hut – viele

3 Ordne die Namenwörter richtig zu.

/8

Menschen:

Tiere:

Pflanzen:

Dinge:

4 Bilde neue Namenwörter. Schreibe sie mit Begleiter auf.

/3

Haus
Hose
Hand
Baum
Sport

Schuh

Notenschlüssel:

21–18	17–12	11–6	5–0

Ich habe __________ Minuten gebraucht.

Ich habe __________ Punkte erreicht.

Lernzielkontrolle 8

Sprache untersuchen: passende Tunwörter finden; Tunwörter und Namenwörter unterscheiden; Tunwörter in der richtigen Personalform einsetzen

Zeit: ca. 25 Minuten

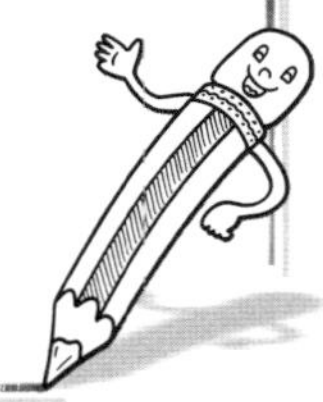

1 Was tun die Kinder?

/6

2 Namenwort oder Tunwort? Ordne richtig. /6

GLAS BADEN SPIELEN
ZIEGE MALEN BRUDER

Namenwörter	Tunwörter

3 Wer tut was? Setze die Wörter richtig ein. /8

bauen kochen lernen schaukeln

Papa ______________ Spaghetti.

Jakob ______________ einen hohen Turm.

Andrea ______________ im Garten.

Maria ______________ Radfahren.

Notenschlüssel:

20–18	17–12	11–6	5–0

Ich habe __________ Minuten gebraucht.

Ich habe __________ Punkte erreicht.

Illustrationen: Claudia Bauer

STARK

Lernzielkontrolle 9

Leseverstehen:
ein Bild nach Beschreibung weiterzeichnen/anmalen

Zeit: ca. 30 Minuten

Lies den Text und male das Bild fertig.
Verbinde die Namen mit den richtigen Kindern. /20

Romina liegt unter einem Sonnenschirm mit roten und gelben Streifen. Ihr Handtuch ist lila. Auf der Wiese liegt ein bunter Ball. Adil ist im Sandkasten und baut eine Sandburg. Seine Schaufel ist rot. Er steckt eine blaue Fahne in den Turm. Rechts neben dem Sandkasten liegt ein grüner Eimer. Der kleine Pit lässt sein Schiff im Wasser schwimmen. Eine braune Ente schaut vom See aus zu.

Pit

Adil

Romina

Notenschlüssel:

20–18	17–12	11–6	5–0

Ich habe ________ Minuten gebraucht.

Ich habe ________ Punkte erreicht.

Lernzielkontrolle 10

Sprache untersuchen:
Wortgrenzen erkennen; ganze Sätze schreiben; Wörter in die richtige Reihenfolge bringen

Zeit: ca. 30 Minuten

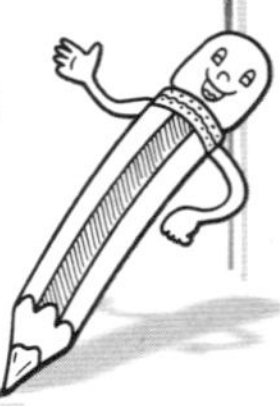

1 Zeichne Striche zwischen die Wörter: |
Schreibe den Satz richtig auf. /13

IchgehemitOpaindenZoo.

2 Hier fehlt ein Wort im Satz. Schreibe den Satz richtig auf. /6

Im Zoo viele Tiere.

Affen fressen Bananen Äpfel.

Opa trinkt Glas Saft.

3 Schreibe die Purzelsätze richtig auf.

/12

Ich | Tiere | mag

Löwe | laut | Der | brüllt

kleinen | lustig | Affen | Die | sind

Notenschlüssel:

31–27	26–19	18–10	9–0

Ich habe ________ Minuten gebraucht.

Ich habe ________ Punkte erreicht.

Lernzielkontrolle 11

Texte verfassen:
Bilder ordnen; zu Bildern Sätze schreiben

Zeit: ca. 30 Minuten

1 Schau dir die Bilder genau an.
Nummeriere sie in einer sinnvollen Reihenfolge. /4

2 Gib dem Jungen einen Namen. /1

3 Was sagt der Junge zum Affen? Schreibe. /4

4 Schreibe zu jedem Bild einen Satz.

/16

1

2

3

4

Notenschlüssel:

25–20	19–14	13–8	7–0

Ich habe ________ Minuten gebraucht.

Ich habe ________ Punkte erreicht.

Lernzielkontrolle 12

Leseverstehen:
Informationen aus einem Text entnehmen; schreiben und zeichnen; Fragen beantworten

Zeit: ca. 35 Minuten

Eine Woche bei Pia

Jeden **Montag** spielt Pia Flöte.
Pias Klasse hat am **Dienstag** Sport.
Mittwoch mag Pia gar nicht. Da kommt Mama erst spät nach Hause.
Mit Meike trifft sich Pia am **Donnerstag**. Sie gehen zum Spielplatz.
Am **Freitag** muss Pia den Hasenkäfig sauber machen.
Lange schlafen kann Pia am **Samstag**.
Am **Sonntag** geht Pia mit Oma und Opa in die Kirche.

1 Schreibe zu jedem Bild den richtigen Tag. /6

2 Zeichne, was Pia am **Sonntag** macht. /4

3 Kreuze an. /4

Welches Instrument spielt Pia?

- ☐ Geige
- ☐ Trommel
- ☐ Flöte

Welchen Tag mag Pia gar nicht?

- ☐ Dienstag
- ☐ Mittwoch
- ☐ Donnerstag

Wie heißt Pias Freundin?

- ☐ Mia
- ☐ Meike
- ☐ Heike

Was für ein Tier hat Pia?

- ☐ Hase
- ☐ Pferd
- ☐ Katze

Notenschlüssel:

14–13	12–8	7–4	3–0

Ich habe ________ Minuten gebraucht.

Ich habe ________ Punkte erreicht.

Lernzielkontrolle 13

Leseverstehen: beschriebene Person auf einem Bild finden
Texte verfassen: zu einem Bild schreiben

Zeit: ca. 30 Minuten

Auf dem Bauernhof

A B C D E

1 Suche auf dem Bild die richtige Person. Kreise sie ein. /1

Lisa holt eine Schüssel voller Körner.
Schnell versammeln sich alle Hühner um sie.
Sie wirft den Hühnern die Körner zum Fressen hin.

2 Suche dir auf dem Bild eine Person aus.
Gib der Person einen Namen.
Beschreibe, was sie macht. Schreibe 3 Sätze. /12

Notenschlüssel:

13–11	10–7	6–3	2–0

Ich habe ________ Minuten gebraucht.

Ich habe ________ Punkte erreicht.

Lernzielkontrolle 14

Sprache untersuchen: Satzgrenzen erkennen; Satzzeichen setzen (Punkt)
Rechtschreibung: Fehler finden und verbessern; Lückendiktat

Zeit: ca. 25 Minuten

1 Ergänze die Punkte zwischen den Sätzen. /5

Die Ferien waren schön Ich habe oft mit meinen Freunden gespielt Meine Schwester hatte Geburtstag Wir haben im Garten gefeiert Sie hat viele tolle Geschenke bekommen

2 Finde den Fehler.
Markiere den Fehler mit einem Buntstift.
Schreibe das Wort richtig daneben. /10

Tfel

Besn

Schaukl

Brudr

Kinda

3 Lückendiktat

Lasse dir das Diktat Nr. 1 von der CD diktieren. Schreibe. /6

Anton geht einkaufen

Anton geht mit seiner Mutter auf den ______________.

Seine Mutter braucht ______________ und eine

______________ für den ______________.

Dann kaufen sie noch ______________.

Die isst Anton immer in der ______________.

Notenschlüssel:

21–18	17–12	11–6	5–0

Ich habe ________ Minuten gebraucht.

Ich habe ________ Punkte erreicht.

A B C D E

Lernzielkontrolle 15

Sprache untersuchen: Satzgrenzen erkennen; Satzzeichen setzen (Punkt); Rechtschreibbesonderheiten im Wort erkennen
Rechtschreibung: Groß- und Kleinschreibung; Lückendiktat

Zeit: ca. 30 Minuten

1 Ergänze die Punkte zwischen den Sätzen.
Schau dir dann die Satzanfänge genau an.
Streiche falsche Anfänge durch.
Schreibe die Lösung darüber. /10

Tipp:
Am Satzanfang schreibt man groß!

heute ist ein heißer Tag viele Kinder

gehen ins Schwimmbad bunte Handtücher liegen auf der

Wiese an der Rutsche müssen Linda und Anna lange

warten in der Zwischenzeit holt Mama ein Eis

2 Markiere die schwierige Stelle im Wort.
Schreibe ein passendes Reimwort auf. /3

Decke ______________________

Tonne ______________________

Tatze ______________________

3 Lückendiktat

Lasse dir das Diktat Nr. 2 von der CD diktieren. Schreibe. /11

Was Tiere alles können

Hunde ____________ den Stock.

Esel ____________ schwere ____________.

____________ klettern ____________.

Vögel ____________ am ____________.

____________ springen ____________.

Notenschlüssel:

24–20	19–13	12–7	6–0

Ich habe ________ Minuten gebraucht.

Ich habe ________ Punkte erreicht.

Lernzielkontrolle 16

Rechtschreibung: Diktat

Zeit: ca. 20 Minuten

Lasse dir das Diktat Nr. 3 von der CD diktieren. Schreibe.

Bei uns zu Hause

Notenschlüssel:

0–1	2–4	5–7	ab 7

Ich habe ________ Minuten gebraucht.

Fehler: ________

Lernzielkontrolle 17

Hörverstehen: eine Geschichte anhören; Informationen entnehmen und Fragen beantworten; ein Bild ergänzen

Zeit: ca. 45 Minuten

Höre dir die Geschichte „Die Ernte“ von der CD zweimal an.
Bearbeite die Aufgaben.

1 Wo sind Oma und Frieder? /1

Im ______________________.

2 Was machen die beiden dort? Kreuze an. /3

- ☐ Oma liegt auf dem Liegestuhl.
- ☐ Frieder langweilt sich.
- ☐ Frieder und Oma spielen Fußball.
- ☐ Oma pflanzt Salat.
- ☐ Frieder will ernten.

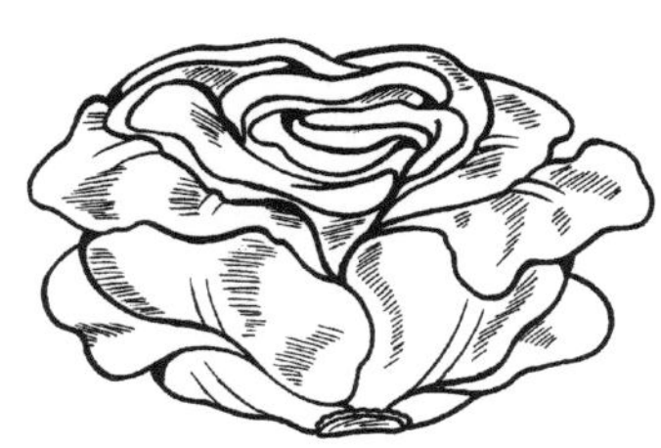

3 Wie lange muss Frieder noch warten, bis er etwas ernten kann? /1

- ☐ bis zum Sommer
- ☐ drei bis vier Wochen
- ☐ zwei Monate

4 Frieder schläft ein. Wovon träumt er? /1

5 Jetzt kann Frieder doch gleich für die Brotzeit ernten.
Zeichne, was im Garten wächst. /8

6 Wächst diese Brotzeit wirklich im Garten?
Wie sind die feinen Sachen in den Garten gekommen? /3

Notenschlüssel:

17–15	14–9	8–5	4–0

Ich habe ________ Minuten gebraucht.

Ich habe ________ Punkte erreicht.